BEI GRIN MACHT SICH IH WISSEN BEZAHLT

Claus Strobel

Homebanking Computer Interface

GRIN Verlag

Bibliografische Information der Deutschen Nationalbibliothek:

Die Deutsche Bibliothek verzeichnet diese Publikation in der Deutschen National-
bibliografie; detaillierte bibliografische Daten sind im Internet über http://dnb.d-
nb.de/ abrufbar.

Impressum:

Copyright © 2000 GRIN Verlag, Open Publishing GmbH
Druck und Bindung: Books on Demand GmbH, Norderstedt Germany
ISBN: 978-3-638-64168-5

Dieses Buch bei GRIN:

http://www.grin.com/de/e-book/10962/homebanking-computer-interface

GRIN - Your knowledge has value

Der GRIN Verlag publiziert seit 1998 wissenschaftliche Arbeiten von Studenten, Hochschullehrern und anderen Akademikern als eBook und gedrucktes Buch. Die Verlagswebsite www.grin.com ist die ideale Plattform zur Veröffentlichung von Hausarbeiten, Abschlussarbeiten, wissenschaftlichen Aufsätzen, Dissertationen und Fachbüchern.

Besuchen Sie uns im Internet:

http://www.grin.com/

http://www.facebook.com/grincom

http://www.twitter.com/grin_com

HBCI - Das Homebanking Computer Interface

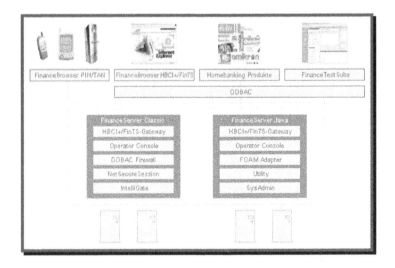

Studienarbeit (FH-Fulda)

Erstellt von: Claus Strobel (1. Semester/ Msc. E-Business)

Fulda, 19. Dezember 2000

HBCI (Homebanking Computer Interface)

In unserem heutigen Alltagsleben regieren Stress und Zeitmangel. Da kommt das Informationszeitalter gerade recht. Über Internet ist es jedem Menschen auf diesem Planeten nun möglich, Informationen abzufragen bzw. Dienstleistungen von Instituten weltweit zu nutzen.

Eines dieser Dienstleistungen soll besonders fokussiert werden. Es ist das Homebanking. Derzeit existieren 1,4 Millionen Online-Konten.

Im Folgenden verdeutlicht die Grafik wie heutzutage Homebanking abgewickelt wird :

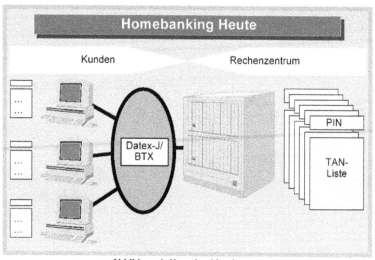

Abbildung 1: Homebanking heute

Über eine Datex-J- oder BTX- Verbindung verbinden sich die Kunden mit den Bankrechner des Rechenzentrums. Jeder Kunde besitzt eine eigene PIN (Personal Identification Number)-Nummer und eine TAN (TransAaktionsNummer)- Liste, die dazu verwendet wird, die Transaktion der Buchung eindeutig zu identifizieren.

Die Nachteile liegen auf der Hand.
- PIN-TAN- Verfahren nur Datex- J/ BTX geeignet
- Umständliche TAN- Listenverwaltung auf Kunden- und Institutseite
- Keine Datenverschlüsselung möglich
- Funktionsarm : wenig Geschäftsvorfälle möglich

1. Was ist HBCI?

Da das Thema Homebanking zunehmend an Bedeutung gewinnt erarbeiteten die deutschen Kreditinstitute daher einen gemeinsamen Standard, mit dem Homebanking noch sicherer, komfortabler und umfangreicher wird. Dabei berücksichtigt man bestehende Standards und Datenformate wie EDIFACT und DTA- Format.

Außerdem sind im Wandel der Zeit neue Geschäftsvorfälle entstanden, die durch den konventionellen Weg nicht mehr genügend abgedeckt werden können.

Die folgende Grafik zeigt eine Übersicht darüber:

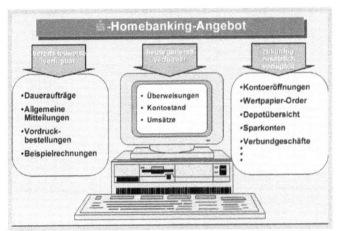

Abbildung 2: Homebanking- Angebot

Dieses Homebanking- Computer-Interface (HBCI) wurde vom Zentralen Kreditausschuß (ZKA) der deutschen Kreditwirtschaft am 10. Mai verabschiedet und liegt mittlerweile in der Version 2.2 vor. Unter "http://www.HBCI-ZKA.de/spezifikation.html" liegt der Standard zum Download bereit.

Der HBCI-Standard erlaubt dank der Verwendung moderner kryptographischer Funktionen und der Nutzung von Chipkarten eine sichere Kommunikation über offene Netze wie das Internet.

Insbesondere deshalb aber auch wegen seiner Flexibilität in bezug auf die unterstützten bankfachlichen Geschäftsvorfälle ist HBCI für die deutschen Kreditinstitute der Homebanking-Standard der Zukunft.

1.1. Einsatz

Mit dem Kundensystem können verschiedene Nachrichten erzeugt werden, wie die Erteilung von Aufträgen z. B. für den Inlands- und Auslandszahlungsverkehr, die Abholung von Konto- und Umsatzinformationen oder Statusprotokollen sowie die Initialisierung. Diese Nachrichten werden per Datenfernübertragung an das Kreditinstitut übermittelt.

Hinweise zur Nutzung der Homebanking- Funktionen werden vom Kundensystem angezeigt und/oder können dem vom Hersteller des Kundensystems gelieferten Benutzerhandbuch entnommen werden.

Aus der anschließenden Grafik wird ersichtlich, in welchen Bereichen HBCI eingesetzt wird bzw. welchen Zweck es hat :

Abbildung 3: Einatz von Homebanking

Allerdings fordert die Zukunft schon heute wesentlich mehr. Die folgende Übersicht stellt die jeweiligen Einsatzbereiche zusammen, die HBCI gewachsen ist :

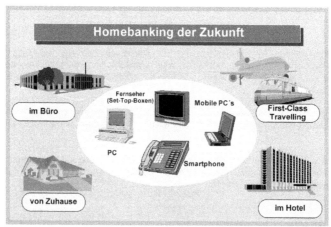

Abbildung 4: Homebanking der Zukunft

Aber Homebanking soll nicht von Ort und eingesetzter Technologie transparent sein, sondern alle Dienstleistungen, die man ebenfalls über den Bankschalter abwickelt, sollte auch jeder selbst von seinem PC aus tätigen können.

Zusammenfassend zeigt die nachfolgende Grafik das wesentliche Prinzip von HBCI mit den damit verbundenen Vorzügen :

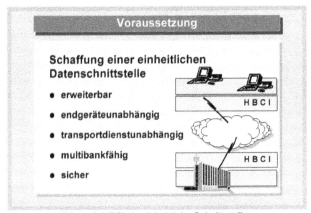

Abbildung 5: HBCI als einheitliche Schnittstelle

HBCI wird als Schnittstelle zwischen PC und Bankrechner über ein WAN- Netzwerk eingesetzt. Das Internet in Verbindung mit anderen erweiternden Netzwerken dient dazu als Übermittlungsmedium, das nicht besonders hohe Sicherheitsanforderungen bietet. Doch durch elektronische Signatur, Verschlüsselung und Netz- und Transportdienstunabhängigkeit ist HBCI trotzdem für den Homebankingeinsatz geeignet.

Des weiteren schützt HBCI Kreditinstitutrechner gegen ungebetenen Zugriff aus dem Internet, macht Homebanking-Dienste verfügbar und betriebssicher. Der Kunde kann leistungsgerecht abgerechnet werden.

Im Folgenden zeigt die Abbildung die Entwicklung von HBCI gegenüber CEPT:

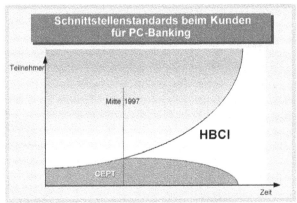

Abbildung 6: Die Entwicklung von HBCI gegenüber CEPT

1.2. Varianten

Derzeit wird Homebanking ausschließlich auf der Basis T-Online betrieben - das Engagement zahlreicher Pioniere im Internet einmal vernachlässigt. Auch bei T-Online muss man zwei Varianten unterscheiden:

1.2.1. Datex- J- Screen-Dialog

Wie der Name schon sagt, handelt es sich hierbei um einen Online-Dialog auf der Basis von Btx-Seiten (CEPT), wo 24 x 40 Zeichen auf einer Bildschirmseite dargestellt werden können. Auf diese Weise werden nachempfundene Überweisungsformulare vom Kunden (oder einem Makro) ausgefüllt und an das Kreditinstitut gesendet.

Das Ganze findet in einer durch die T-Online-Infrastruktur gesicherten Umgebung statt. Zur Absicherung des Banken-Dialoges wird bei Sessionaufbau zum Bankrechner eine sog. „Persönliche Identifikations-Nummer" (PIN) gesendet und geprüft. Eine bankfachliche Transaktion wird zusätzlich jeweils durch eine einmalig gültige „Transaktionsnummer" (TAN) abgesichert.

Transaktionsnummern werden dem Kunden in Form von TAN-Listen per Briefpost mitgeteilt. Die Verwaltung dieser Listen ist auf Kunden- und Bankseite sehr aufwendig und umständlich. Auf bestehende theoretische Sicherheitsprobleme durch Abhören und Modifizieren von Btx-Aufträgen soll hier nicht eingegangen werden.

Dieses Verfahren findet auch bei den meisten der derzeitigen Internet-Lösungen Anwendung – aus dem einfachen Grunde, weil meist mit Hilfe von Gateways die bestehenden T-Online-Anwendungen angezapft werden.

1.2.2. ZKA-Dialog

Das unter Screendialog Gesagte gilt im übertragenen Sinn auch für den ZKA-Dialog. Dieser "Standard" wurde 1987 vom "Zentralen Kredit Ausschuss" (ZKA) verabschiedet, um die Kommunikation im Bereich Homebanking professioneller zu gestalten. Die Daten werden hierbei im Nettoformat (also graphisch nicht aufbereitet) in logisch komprimierter Form zwischen Kunde und Kreditinstitut ausgetauscht.

Leider werden hierfür nach wie vor CEPT-Seiten benutzt, was dazu führt, dass die Übertragung zum einen an T-Online gebunden ist, zum anderen auch dessen Optimierungsmöglichkeiten (Transparente Daten) nicht nutzt. Erschwerend kommt hinzu, dass die Standardisierung des ZKA-Dialoges nur sehr halbherzig erfolgte, was dazu geführt hat, dass es zahlreiche Dialekte gibt, die den gewünschten Normierungseffekt zunichte machen.

Bei beiden genannten Alternativen besteht zusätzlich ein Problem in puncto Betriebssicherheit: Tritt bei der Übertragung einer Transaktion ein Leitungsabbruch auf, so kann der Status dieses Auftrags erst im Kontoauszug überprüft werden. Eine Online-Abfragemöglichkeit besteht nicht.

1.2.3. Fazit

Fazit aus dieser kurzen Betrachtung kann nur sein, dass es im Bereich Homebanking derzeit de facto keinen Standard gibt, was einer der Hauptgründe für das Entstehen von HBCI ist.

Die bestehenden CEPT-Anwendungen mit dem aufwendigen PIN/TAN-Sicherungsverfahren entsprechen - trotz der vehement steigenden Anschlusszahlen von T-Online und der

Verwendung im Internet-Bereich - nicht mehr dem aktuellen Standard in bezug auf Benutzerfreundlichkeit und Darstellung.

Hinzu kommen noch andere Aspekte, wie z.b. die Gebührenpolitik der Deutschen Telekom bei den Fernsprechnetzen und die Tatsache, daß gerade im Bereich der privaten Finanzverwaltung zunehmend intelligente Kundensysteme an Bedeutung gewinnen, die ganz andere Übertragungstechniken erfordern, als sie momentan z.b. im "ZKA-Dialog" zu finden sind.

Ein weiterer wichtiger Grund für die Einführung eines neuen Homebankingstandards ist die Kommerzialisierung des Internet, die in den letzten drei Jahren zu einer rasanten Entwicklung geführt hat. Diese Plattform ist für alle Kreditinstitute von höchstem Interesse und zwar nicht nur im Bereich der direkten Bankgeschäfte, sondern auch beim allgemeinen Zahlungsverkehr (Stichwort: „Electronic Commerce"). Die erweiterten Sicherheitsfunktionen von HBCI sollen den Betrieb in unsicheren Netzen wie dem Internet ermöglichen und den Bedienungskomfort für den Kunden erhöhen.

1.3. Der Umgang mit HBCI

Der Kunde gibt neben der Kontonummer nur noch eine einzige Nummer oder ein Passwort ein, das aus bis zu acht Zeichen bestehen kann. Zusätzlich sind eine spezielle Chipkarte und ein Lesegerät notwendig, um auf das Konto zuzugreifen. Dabei steht ein spezielles Verfahren, die Kryptographie, für das Sicherheitskonzept. Diese Methode wandelt einen Klartext beim Sender in eine scheinbar sinnlose Zeichenfolge. Auf der Empfängerseite wird die verschlüsselte Nachricht wieder entschlüsselt.

Ein Ablauf eines Vorgangs sieht folgendermaßen aus :
Der Nutzer wählt die von ihm gewünschte Funktion in seinem Kundensystem aus und erfasst die für die Nachrichtenübermittlung erforderlichen Daten. Er überprüft die zu signierenden Aufträge auf Richtigkeit.

Diese Nachrichten versieht der Nutzer mit einer elektronischen Signatur. Hierzu verwendet er sein Identifikations- und Legitimationsmedium und gibt sein Passwort ein. Falls mehrere elektronische Signaturen pro Auftrag mit dem Kreditinstitut vereinbart sind, ist der Signiervorgang je signaturpflichtigem Nutzer entsprechend zu wiederholen.

Die signierten Nachrichten werden dann per Datenfernübertragung an das Kreditinstitut übertragen.

Das Kreditinstitut wird eine empfangene Nachricht nur dann bearbeiten, wenn sie die erforderliche Anzahl von ordnungsgemäßen elektronischen Signaturen enthält.

Das Kreditinstitut bestätigt im elektronischen Dialog den Eingang von Aufträgen durch Übersendung einer Empfangsbestätigung oder übermittelt die angefragten Daten.

Der Nutzer kann sich zu einem späteren Zeitpunkt durch Abruf eines Statusprotokolls über die Ausführung des Auftrags informieren, wenn er vor dem Versenden der Auftragsnachricht unterbrochen wurde.

2. HBCI

MIT HBCI hat sich die deutsche Kreditwirtschaft verbandsübergreifend auf einen Standard zur Abwicklung von Homebanking- Transaktionen geeinigt. Grundsätzlich ist HBCI für verschiedene Endgeräte und fast beliebige Netze einsetzbar :

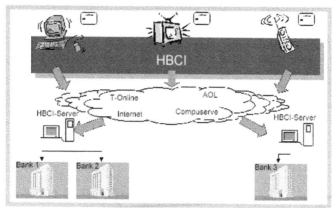

Abbildung 7: Die Architektur von HBCI

Durch die Chipkarte fällt die bisherige Eingabe von TANs aus TAN-Blöcken weg, ohne dass die Sicherheit des Systems eingeschränkt würde. Um die Akzeptanz von HBCI zu erhöhen, sind die meisten anzubietenden Dienste als optional deklariert worden, d.h. die Banken sind nicht verpflichtet, alle Funktionen auch tatsächlich zu implementieren.

2.1.   Komponenten von Twister HBCI- Banking

Twister HBCI Banking stellt mit dem HBCI Gateway eine HBCI- Server- Komponente zur Verfügung und sorgt mit den Twister Services und Accessoren für eine komfortable Einbindung in bestehende Backend- Systeme. Mit zusätzlichen Twister- Gateways kann die Lösung um weitere elektronische Vertriebskanäle ergänzt werden.

2.1.1. HBCI- Server (Gateway)

Das Twister HBCI- Gateway stellt die Schnittstelle zwischen HBCI Clients und der Transaktionsplattform Twister dar. Für die Verbindung von Twister mit beliebigen Backend- Systemen wird der Inhalt der HBCI- Nachrichten in CORBA//IOP für die Twister-interne Kommunikation umgewandelt. Die HBCI- Semantik bleibt dabei erhalten.

2.1.2. Twister Services und Twister Accessoren

Die Integration in die Back- End Systeme erfolgt über verschiedene Twister- Komponenten. Twister Services kontrollieren die internen Twister- Funktionen, und die Twister Accessoren sorgen für die Anbindung an die verschiedenen Backend Komponenten und Datenbanksysteme.

2.1.3. Administration

Der Zugriff auf das Administrationstool kann mit jedem Standard- Internet- Browser durchgeführt werden. Es umfasst u.a. die Verwaltung von Kundenstammdaten (UPD), bankspezifische Daten (BPD), Schlüsselsperrung und –entsperrung sowie das Ausstellen und Erfassen von INI- Briefen.

2.1.4. HBCI- Client

Mit Twister HBCI Banking können sowohl Online- Applikationen (JAVA, Plug-In) als auch Offline- Applikationen auf praktisch allen eingesetzten Betriebssystemen (Win95, WinNT, OS/2, WinCE, etc.) unterstützt werden.

Der Nutzer (Kontoinhaber und etwaige Bevollmächtigte) benötigt ein homebankingfähiges Endgerät (Kundensystem). Dieses Kundensystem kann insbesondere sein:

- ein PC mit installierter Homebankingsoftware, ggf. einen Chipkartenleser und ein Modem oder eine ISDN-Karte;
- ein PC mit installiertem Internet-Browser, ggf. einen Chipkartenleser und ein Modem oder eine ISDN-Karte;
- ein Homebankingtelefon mit Chipkartenleser (Smartphone);

Darüber hinaus benötigt der Nutzer den Zugang zu einem Telekommunikationsnetz (z. B. Telefonanschluss) und ggf. zu einem Online-Dienst (z. B. Internet-Zugang). Über die hierfür von dem Nutzer zu zahlenden Entgelte kann er sich bei den entsprechenden Anbietern informieren.

2.2. Syntax

2.2.1. Zeichensatz

HBCI verwendet den ISO-Zeichensatz 8859, wobei das jeweilige Codeset definiert werden kann. Innerhalb des Codeset, z.B. "latin" kann noch ein nationales, HBCI-spezifisches Subset gewählt werden. Momentan sind deutsch, englisch und französisch definiert. Weitere Definitionen können, je nach Bedarf, folgen.

Dieser Zeichensatz gilt für alle Textformate, nicht jedoch für binäre oder transparente Daten. Binär sind alle Arten von Programmen, Multimediadaten, o.ä., transparent sind HBCI-Fremdformate, die normalerweise aus dem Kreditbereich stammen (z.B. DTAUS, S.W.I.F.T.) und ihrer eigenen Syntax gehorchen. Da binäre und transparente Daten den vollen 8-bit Umfang eines Byte benötigen, erfordert HBCI ein transparentes Transportmedium. Ist dies nicht gegeben (z.B. bei E-Mail-Diensten), so kommen Filter wie z.B. UUENCODE oder MIME zum Einsatz. Wichtig ist hierbei nur zu verstehen, dass HBCI nicht textorientiert ist. Dadurch kann es auch losgelöst von Präsentationsdiensten, wie CEPT, HTML o.ä. eingesetzt werden.

2.2.2 Trennzeichensatz

HBCI verwendet eine Trennzeichensyntax zur Darstellung der Daten. Diese ist an UN/EDIFACT angelehnt, die Formate selbst werden jedoch nach eigenen Regeln aufgebaut. Dies liegt zum einen in der Komplexität der UN/EDIFACT-Formate und zum anderen an der Fülle der zu erwartenden Geschäftsvorfälle, speziell im Privatkundenbereich, für die es bisher nirgends Festlegungen gibt.

Eine Trennzeichensyntax hat dabei den Vorteil der Flexibilität und der Minimierung von Datenvolumen. Es werden nämlich die Daten nur in der aktuell benötigten Länge übertragen.

Beschreibende Informationen, wie Feldname und Feldlänge sind implizit in der jeweiligen Segmentdefinition enthalten und werden somit ebenfalls nicht gesendet. Eine zusätzliche Verringerung der Übertragungsmenge wird durch logische Komprimierung erreicht - KANN-Felder stehen jeweils am Ende einer Datenstruktur und können so problemlos weggelassen werden. Auch das Auslassen nicht benötigter Datenelemente ist mittels Trennzeichensyntax problemlos und effektiv möglich.

Folgende Trennzeichen werden verwendet:

+	Datenelementende
:	Gruppendatenelementende
'	Segmentende
?	Freigabezeichen (bei Steuerzeichen im Text)
@	Kennzeichen für binäre Daten

Der Aufbau der Formate gehorcht unterschiedlichen Regeln. So werden im Sicherheitsbereich (vgl. Kapitel „Sicherheit") die Inhalte 1:1 aus UN/EDIFACT übernommen (obwohl der Aufbau wiederum HBCI entspricht).

Geeignete, bestehende Formate aus dem Kreditbereich (DTAUS, S.W.I.F.T.) finden überall dort Anwendung, wo bank- und kundenseitig standardisierte Routinen verwendet werden können. Sogenannte „HBCI-Eigenformate" decken den Bereich ab, der bisher noch in keinem Gremium endgültig und zufriedenstellend genormt wurde und bieten außerdem die Möglichkeit, neue Geschäftsvorfälle multibankfähig zu gestalten.

Die Multibankfähigkeit wird unter anderem auch dadurch erreicht, daß ein Mindestumfang von Datenelementen, der für die reibungslose Abwicklung eines Geschäftsvorfalls nötig ist, als MUSS-Felder definiert ist, wogegen Informationen, die nicht alle Institute verarbeiten können in optionalen KANN-Feldern abgelegt werden. Dadurch wird zum einen die bankenübergreifende Definition erreicht, zum anderen die Flexibilität nicht eingeschränkt.

2.2.3 Syntaktische Einheiten

Mit der HBCI-Trennzeichensyntax lassen sich 3 logische Hierarchieebenen abbilden:

1. Datenelemente
Diese entsprechen den einzelnen Feldern eines Segmentes. Im einfachsten Fall wird durch ein Datenelement (DE) z.B. eine "Bankleitzahl" abgebildet, im Extremfall verbirgt sich dahinter ein gesamtes, transparent eingestelltes S.W.I.F.T.-Format. Datenelemente (und auch DE-Gruppen) besitzen keinen administrativen Overhead in Form eines Headers. Die Beschreibung über die Feldeigenschaften ist implizit über die Position innerhalb des Segmentes beschrieben.

2. Datenelementgruppen
Logisch zusammengehörige Datenelemente werden zu Datenelementgruppen (DEG) zusammengefaßt. Die enthaltenen Elemente werden dann als Gruppendatenelemente (GD) bezeichnet.

3. Segmente
Alle logisch zusammengehörigen Datenelemente und Datenelementgruppen werden zu einem HBCI-Segment zusammengefaßt. Im bankfachlichen Sinn entspricht ein Segment im Allgemeinen einem Geschäftsvorfall, z.B. einer Einzelüberweisung.

Im Gegensatz zu den Hierarchien DE und DEG wird ein Segment zusätzlich durch einen administrativen Zusatz, den Segmentkopf beschrieben. Darin befindet sich vor allem die eindeutige Segmentkennung, über die auf den Inhalt des Segmentes und aller darin enthaltenen Datenelemente und -Gruppen geschlossen werden kann. So beschreibt z.B. die Segmentkennung „HKUEB" die Kundennachricht für die Einzelüberweisung inklusive der Attribute aller enthaltenen Datenelemente wie die der Auftraggeberkontonummer (max. 30-stellig, alphanumerisch, MUSS-Feld).

Segmente können nicht nur bankfachliche Informationen enthalten, sondern dienen allgemein als syntaktische Einheit in HBCI. So gibt es beispielsweise auch die Steuerstrukturen Nachrichtenkopf und -Abschluß, Signaturkopf und -Abschluß, u.ä.

2.2.4 Nachrichtenaufbau

Durch ein Segment kann nur der bankfachliche Teil eines Geschäftsvorfalles abgedeckt werden. Erst die Kombination von mehreren Segmenten bildet eine HBCI-Nachricht, die in Form einer Kunden- bzw. Kreditinstitutsnachricht als abgeschlossene Einheit übertragen werden kann. Innerhalb einer Nachricht können sich mehrere gleichartige Geschäftsvorfall-Segmente befinden, also z.B. 5 Einzelüberweisungen.

Eine Nachricht hat im allgemeinen folgenden Aufbau:

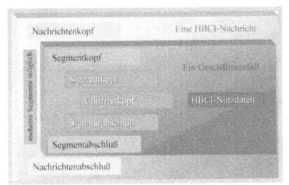

Abbildung 8: Aufbau einer HBCI- Nachricht

Hinzu kommen optional noch ein Verschlüsselungskopf bei Chiffrierung der Daten und evtl. weitere Signaturköpfe und -Abschlüsse bei Mehrfachunterschriften. Signaturkopf und -Abschluß sind bei Kreditinstitutsnachrichten optional.

Im Nachrichtenkopf befinden sich administrative Informationen, wie z.B. die Nachrichtennummer und die Nummer der Bezugsnachricht des Kunden bei Kreditinstitutsnachrichten. Im Nachrichtenabschluß befindet sich eine Referenz auf den Nachrichtenkopf. Diese Mimik ist aus UN/EDIFACT übernommen.

Der Signaturkopf enthält Informationen für die Beschreibung der anzuwendenden Sicherheitsverfahren und außerdem eine eindeutige Referenznummer zur Doppeleinreichungskontrolle beim Kreditinstitut. Im Signaturabschluß befindet sich die elektronische Signatur für die gesamte Nachricht.

Bei Kreditinstitutsnachrichten befinden sich in den Geschäftsvorfallsegmenten unter Verweis auf das Kundensegment auch Rückmeldecodes, die Auskünfte über den Verarbeitungsstatus ermöglichen.

2.3   Dialogablauf

2.3.1   Dialoginitialisierung

HBCI-Nachrichten sind zwar in sich abgeschlossene Verarbeitungseinheiten, sie können jedoch nur innerhalb eines HBCI-Dialoges gesendet werden (dadurch verbietet sich der Einsatz von HBCI über E-Mail-Dienste).

Ein HBCI-Dialog ist folgendermaßen aufgebaut:

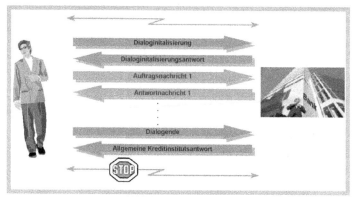

Abbildung 9: HBCI- Dialog

Der dargestellte Ablauf zeigt, dass ein HBCI-Dialog grundsätzlich synchron abläuft, d.h. dass jede Nachricht vom Kreditinstitut beantwortet werden muss, bevor eine neue Kundennachricht gesendet werden kann.

Die Dialoginitialisierung dient der gegenseitigen Authentisierung der beiden Partner (Kunde und Bank), um die Übertragung der folgenden Auftragsnachrichten in einer sicheren Umgebung durchführen zu können.

Zusätzlich werden im Rahmen der Dialoginitialisierung auch die Verschlüsselungs- und Komprimierungs-Verfahren ausgehandelt und die Stände der Bank-Parameterdaten (BPD) und User-Parameterdaten (UPD) abgeglichen. Ggf. werden in der Kreditinstitutsnachricht neue Stände für BPD oder UPD übertragen.

Ähnliches gilt für den Abgleich der Stände für die öffentlichen Schlüssel des Kreditinstitutes. In der Kreditinistitutnachricht können auch kundenspezifische Mitteilungen enthalten sein, z.B. "Ihre neue ec-Karte liegt zur Abholung für Sie bereit".

Als Spezialfall wird auch ein sogenannter "Anonymer Zugang" über eine Bankleitzahl als Einstieg ermöglicht. Hiermit kann ein Kunde zumindest über die in der Antwort gesendete BPD das Angebot des entsprechenden Institutes kennenlernen.

Nach erfolgreicher Dialoginitialiserung und nachdem alle Auftragsnachrichten übertragen und beantwortet wurden, wird der Dialog durch eine Dialogbeendigungsnachricht abgeschlossen. Dadurch ist sichergestellt, dass alle vorhergehenden Nachrichten auch komplett und korrekt übertragen wurden.

2.3.2 Rückmeldecodes

Im Rahmen der Kreditinstitutsnachrichten werden standardisierte Rückmeldecodes übertragen (Multibankfähigkeit!), die auf Basis der Referenzinformationen im Nachrichten- und Segmentkopf ein fehlerhaftes Datenelement genau identifizieren und aufgrund des Codes eine intelligente Reaktion des Kundensystems zulassen.

Beispielsweise kann ein Kundensystem nach Erkennen einer fehlerhaften Empfänger-Bankleitzahl (Code 9210) dem Benutzer eine Bankleitzahlensuche anbieten, um den entsprechenden Auftrag richtig zu stellen.

Die Rückmeldecodes sind auf Datenelementbasis normalisiert und in Fehlerklassen eingeteilt, die eine sehr detaillierte Reaktion des Kundensystems ermöglichen. Fehlerreaktionsvorschriften erleichtern zudem die Implementierung.

Zusätzlich besteht auch die Möglichkeit, bankindividuelle Texte mitzusenden, um die Interpretation der Codes, gerade bei weniger intelligenten Endgeräten (z.B. Smart Phones) zu erleichtern.

2.3.3 Statusprotokoll

Im Gegensatz zu herkömmlichen Verfahren, bei denen nach einem Leitungsabbruch der Status der gesendeten Aufträge unbekannt ist und nur durch "Try on Error" über Neuabsenden unter Verwendung der gleichen TAN verifiziert werden kann, gibt es in HBCI zwei elegante Möglichkeiten, sich über den Zustand der abgesendeten Nachrichten zu informieren.

Abbildung 10: Betriebssicherheit

1. Dialoginitialiserung mit Synchronisation
Hierbei wird in die Dialoginitialisierungsnachricht ein Synchronisationssegment eingefügt, das in der Kreditinstitutsnachricht die Nummer der zuletzt verarbeiteten Nachricht zurückliefert.

2. Statusprotokoll

In einem speziellen Segment vom Typ "Statusprotokoll" wird in Form von Rückmeldecodes der Status der letzten Auftragsnachricht mitgeteilt.

Das Statusprotokoll kann zudem, auch bei normaler Verarbeitung ohne Fehlersituationen, dazu dienen, einen Kunden über den Fortschritt seiner Aufträge zu informieren. Dabei kann ein Geschäftsvorfall von "Auftrag entgegengenommen" bis "Auftrag ausgeführt" mehrere Stati annehmen, die natürlich je Bank unterschiedlich sein können.

Durch die Verwendung von Statusprotokollen wird auch synchrone und asynchrone Verarbeitung im Bankensystem ermöglicht.

2.4   Parameterdaten in HBCI

Bei der Gestaltung von multibankfähigen Systemen stößt man zwangsweise an Grenzen, die durch die unterschiedlichen Verarbeitungssysteme bei den verschiedenen Kreditinstituten hervorgerufen sind.

Ein einfaches Beispiel ist die Anzahl der Verwendungszweckzeilen bei einer Überweisung. Generell sind beim DTA-Format 14 Zeilen für den Verwendungszweck vorgesehen; je nach Institut werden jedoch nur 1 bis ca. 3 Zeilen interpretiert (und auch von der Zulieferersoftware erwartet).

Diese Unterschiede gilt es durch eine Parametersteuerung zu eliminieren, so dass ein Kunde für all seine Bankverbindungen die gleiche Verarbeitungslogik erkennen kann. Dazu muss das Kundensystem natürlich in der Lage sein, die Parametersteuerung entsprechend umzusetzen. Solche Verarbeitungsrestriktionen sind in der BPD abgelegt.

Weiterhin gibt es auch kundenspezifische Unterschiede zu beachten. Der Einstieg bei der Dialoginitialisierung erfolgt über eine wie auch immer geartete Benutzerkennung, die den Kunden (genauer: das Sicherheitsmedium des Kunden) identifiziert. Um nun auch die zugeordneten Konten und die erlaubten Auftragsarten an das Kundensystem übermitteln zu können, gibt es die UPD.

2.4.1   Aufbau der BPD (BankParameterDaten)

In den Bankparameterdaten wird dem Kundensystem die Infrastruktur des jeweiligen Kreditinstitutes mitgeteilt.

- Ein allgemeiner Teil beschreibt die generellen Rahmenbedingungen, wie z.B. den exakten Namen des Institutes, die unterstützen Sprachen u.ä.
- Im Segment Kommunikationszugang werden verfügbare Transportmedien beschrieben.
- Unter Verschlüsselungs- und Komprimierungsverfahren sind die von der Bank unterstützten Verfahren aufgeführt.

Die restlichen Segmente enthalten die sog. Geschäftsvorfallparameter, in denen die Restriktionen pro Geschäftsvorfall beschrieben sind. In einem Rumpfteil sind wieder gemeinsame Kenngrößen, wie z.B. die Anzahl der zugelassenen Signaturen oder die maximale Anzahl an Aufträgen pro Nachricht definiert, der Rest enthält nun wirklich die geschäftsvorfallspezifischen Einschränkungen, wie die oben erwähnte Anzahl von Verwendungszweckzeilen bei der Überweisung.

2.4.2 Aufbau der UPD (UserParameterDaten)

In den Userparameterdaten erhält das Kundensystem Informationen über das Profil eines Kunden, genauer über einen Benutzer (= Sicherheitsmedium).

Bei entsprechender Ausgestaltung der UPD kann das Kundensystem zu einem wirklich intelligenten Cash-Management-System ausgebaut werden, da es u.a. Informationen über Limite pro Konto erhält und so den Geldfluss wirklich optimieren kann.

▪ Unter Userparameter allgemein finden sich u.a. die Benutzerkennung und Daten zur Versionskontrolle

▪ Die restlichen Segmente sind vom Typ Kontoinformation und enthalten pro Konto wiederum allgemeine Informationen, wie z.B. die Kontonummer und Produktbezeichnung, aber auch die erlaubten Geschäftsvorfälle bis hin zu Limiten.

2.5 Sicherheit

Neue Sicherheitsmechanismen sind das Kernstück der HBCI-Architektur. Als Basis dient hierbei zu großen Teilen das ZKA-Abkommen "DFÜ für Kunden", das für die Zielgruppe der Geschäftskunden spezifiziert wurde. Gerade im Sicherheitsbereich wurden viele Details aus diesem Verfahren übernommen.

Um die erweiterten Funktionen einordnen zu können, werden zunächst relevante Sicherheitsaspekte erläutert:

2.5.1 Sicherheitsverfahren

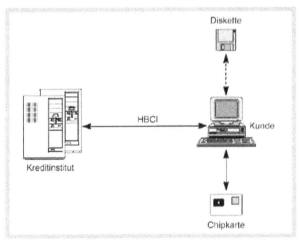

Abbildung 11: Beziehungen in HBCI

Für den Schutz vor Missbrauch können bei HBCI nach Wahl der Bank zwei verschiedene Sicherheitsmechanismen eingesetzt werden.

1. Zum einen gibt es eine für den Kunden kostengünstige asymmetrische Variante, die auf einem RSA-Verfahren (nach den Erfindern Rivest, Shamir, Adleman benannt) mit

öffentlichem und geheimem Schlüssel beruht. Dabei werden die Schlüssel dem Kunden beispielsweise per Diskette übersandt.

2. Eine symmetrische Variante ist das MAC-Verfahren (Message Authentication Code), bei welcher der geheime Signierschlüssel des Kunden auf einer Smartcard gespeichert wird, für die er ein spezielles, für etwa 50 Mark erhältliches Lesegerät benötigt. Dieser Schlüssel verlassen niemals die Smartcard, so dass ein ausreichender Schutz gewährleistet ist. Der HBCI-Server der Bank prüft die Authentizität der Mitteilung mit seinem eigenen geheimen Schlüssel.

Hier nun folgt eine Kurzbeschreibung zum besseren Verständnis der nächsten Abschnitte:

1. RSA-Verfahren (Rivest - Shamir - Adleman, benannt nach den Erfindern)
   Beim asymmetrischen RSA-Verfahren werden jeweils Schlüsselpaare verwendet, die immer aus einem privaten Schlüssel ("private Key") und einem öffentlichen Schlüssel ("public key") bestehen. Die Idee besteht darin, daß ein Kunde per Software ein persönliches Schlüsselpaar erzeugt und seine Aufträge mit seinem Private Key signiert.

   Das Kreditinstitut kann mittels Public Key die elektronische Unterschrift auf Korrektheit prüfen. Der Public Key beweist einerseits die Herkunft der Signatur eindeutig, muß andererseits nicht geheimgehalten werden, da mit ihm nur Signaturen überprüft, jedoch nicht erzeugt werden können.

   Bei HBCI werden bei RSA zwei Schlüsselpaare verwendet, nämlich ein Signierschlüsselpaar zum Unterschreiben von Nachrichten und ein Chiffrierschlüsselpaar beim Verschlüsseln der Nachrichten mittels Nachrichten-Chiffrierschlüssel.

   Das RSA-Verfahren wird in HBCI Version 2.0 durch eine Softwarelösung mit Diskette oder Festplatte als Speichermedium unterstützt.

2. MAC-Verfahren (Message Authentication Code)
   Das MAC-Verfahren ist ein symmetrisches Verfahren, das heißt, die Schlüssel, welche zum Signieren bzw. Chiffrieren herangezogen werden, müssen beiden Partnern bekannt, also vorher auf alternativem Wege ausgetauscht worden sein.

   Es handelt sich bei dem gemeinsamen Schlüssel um einen geheimen Schlüssel ("secret key"), da die Sicherheit davon abhängt, daß nur die beiden involvierten Parteien diesen Schlüssel kennen.

   Bei HBCI werden zwei Schlüsselarten verwendet, nämlich ein Signierschlüssel zum Unterschreiben von Nachrichten und ein Chiffrierschlüssel beim Verschlüsseln der Nachrichten mittels Nachrichten-Chiffrierschlüssel.

   Die hier zum Einsatz kommenden kryptographischen Funktionen werden auf der Basis des Triple-DES-Verfahrens durchgeführt. Das MAC-Verfahren wird bei HBCI Version 2.0 durch den Einsatz einer ZKA-Chipkarte unterstützt. Die geheimen Schlüssel verlassen hierbei niemals die Karte.

Um Schutz der elektronischen Datenübermittlung zwischen Nutzer und Kreditinstitut werden die im folgenden beschriebenen Sicherungsverfahren eingesetzt:

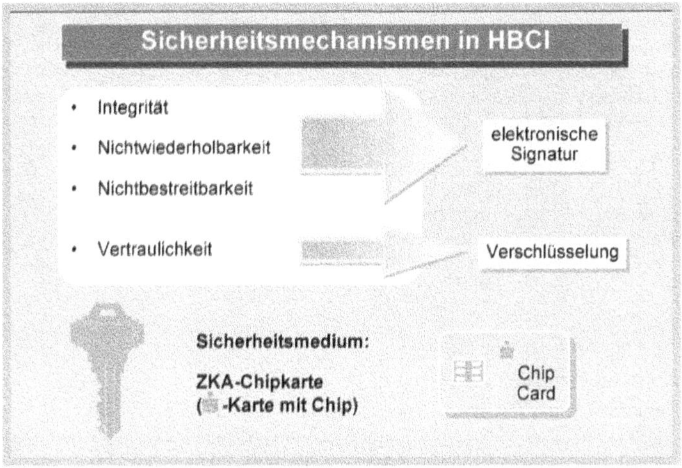

Abbildung 12: Sicherheitsmechanismen in HBCI

Durch Verschlüsselung werden die zu übertragenden Nachrichten gegen Einsicht durch unberechtigte Dritte geschützt. Durch Verfahren zur elektronischen Signatur wird der Inhalt und der Ursprung von Nachrichten unfälschbar gesichert:

Das elektronische Signaturverfahren verwendet geheime Schlüssel. Diese Schlüssel werden entweder vom Kreditinstitut in einer Chipkarte sicher gespeichert und an den Nutzer ausgeliefert oder vom Nutzer für sich selbst generiert.

Der geheime Schlüssel dient der Erzeugung der elektronischen Signatur und damit zur Autorisierung von Aufträgen des Kontoinhabers gegenüber dem Kreditinstitut durch den jeweiligen Nutzer. Der geheime Schlüssel verbleibt beim Nutzer und ist sicher vor dem Zugriff Unbefugter aufzubewahren.

Zur Prüfung der Signatur des Nutzers benötigt das Kreditinstitut ebenfalls Schlüssel, die mit dem Nutzer vereinbart werden. Diese sind entweder als geheimzuhaltender Schlüssel mit dem Schlüssel des Kunden identisch oder werden als öffentlicher Schlüssel des Kunden im Zuge der Initialisierung an das Kreditinstitut übermittelt.

Die Schlüssel des Nutzers können auch für die Kommunikation mit anderen Kreditinstituten eingesetzt werden (Multibankfähigkeit), wenn dies mit einem anderen Kreditinstitut vereinbart wird.

Die elektronische Signatur kann Hardware oder softwareseitig realisiert werden. Als Hardware- Lösung kommt die Mac- Bildung (Retail CBC-MAC) auf Basis der ZKA- Chipkarte in Frage während ein RSA- Algorithmus zur softwaremässigen Signatur eingesetzt werden kann. Mehrfachunterschriften werden von HBCI unterstützt.

Zur Verschlüsselung wird das dynamische Triple-DES- Verfahren eingesetzt. Für jede HBCI-Nachricht wird ein neuer Nachrichten- Schlüssel verwendet. Der Nachrichtenschlüssel selbst wird entweder über das Triple-DES-Verfahren oder über RSA verschlüsselt übertragen.

2.5.2 Authentisierung

Unter Authentisierung des Kunden (auch "Authentifikation" genannt) wird hier die Berechtigungsprüfung gegenüber dem Sicherheitsmedium verstanden. Konkret wird vor der Ausführung von Sicherheitsfunktionen zur Eingabe eines Passwortes aufgefordert, das lokal geprüft wird (also das Kundensystem nicht verlässt). Bei MAC wird diese Prüfung in der Chipkarte durchgeführt, bei RSA in der PC-Software des Kundensystems.

Gegenseitige Authentisierung Kundensystem <-> Banksystem
Beim Vorgang der gegenseitigen Authentisierung machen sich die beiden kommunizierenden Parteien miteinander bekannt. Dies geschieht bei HBCI während der Dialoginitialisierung durch Signieren der Kunden- und Kreditinstitutsnachricht. Kann vom Partner die Signatur erfolgreich verifiziert werden, ist die Authentifizierungsprüfung erfolgreich abgeschlossen. Bei RSA erfolgt optional nur eine einseitige Authentisierung des Kunden.

2.5.3 Nachweis der Herkunft

Bei eingereichten Aufträgen ist es wichtig, dass die Herkunft eindeutig nachgewiesen werden kann ("non repudiation of origin"). Dies wird durch die jeweilige elektronische Signatur gewährleistet. Beim MAC-Verfahren besteht die theoretische Möglichkeit der Signatur eines Kundenauftrages durch das Kreditinstitut. Dies wird allerdings durch das Vertrauensverhältnis Kunde / Kreditinstitut aufgehoben.

2.5.4 Integrität elektronische Herkunft

Die elektronische Signatur soll beweisen, dass die HBCI- Nachricht auf dem Übertragungsweg nicht modifiziert wurde. Dazu wird zunächst ein sogenannter „Hash- Wert" - eine Art kryptographische Prüfsumme - über die gesamte Nachricht gebildet.

Aus dem Ergebnis wird dann gemäß MAC bzw. RSA eine elektronische Signatur berechnet, die in das HBCI-Segment Signaturabschluß eingestellt wird. Der Empfänger bildet nach dem gleichen Algorithmus den Hashwert und überprüft die Signatur mittels Secret Key (MAC) respektive Public Key (RSA).

Abbildung 13: Signaturbildung nach MAC- bzw. RSA- Verfahren

2.5.5 Geheimhaltung – Verschlüsselung / Chiffrierung/

Im Gegensatz zur elektronischen Signatur, bei der die Nachricht ja immer noch lesbar ist, wird bei der Verschlüsselung die gesamte Nachricht kryptographisch behandelt und somit unleserlich gemacht. Dies hat vor allem Vorteile bei der Übertragung vertraulicher Informationen wie z.B. von Umsatzdaten.

Bei HBCI wird zur Verschlüsselung der Daten generell Triple-DES verwendet. Als Schlüssel wird aus Sicherheitsgründen nicht der eigentliche Chiffrierschlüssel benutzt, sondern ein nachrichtenspezifischer Schlüssel. Dieser wird aus einer Zufallszahl gebildet, die mit dem Chiffrierschlüssel gemäß MAC respektive RSA verschlüsselt und der Nachricht vorangestellt wird.

2.5.6 Valität – Doppeleinrichtungskontrolle

Einer der möglichen Angriffe in einem kryptographischen System besteht darin, Daten auf einer Leitung abzuhören und die gespeicherte Information wiederholt einzuspielen ("replay attack"). Eine Überweisung würde in so einem Fall gegen den Willen des Kunden mehrfach durchgeführt werden.

Oft wird deshalb als Kriterium für die Eindeutigkeit ein Zeitstempel herangezogen, was aber zum einen nicht von allen HBCI- Endgerätetypen unterstützt wird (z.B. SmartPhones), zum anderen auch nicht zuverlässig funktioniert, da man ja nicht davon ausgehen kann, daß jede PC-Uhr plausible Werte liefert.

In HBCI wurde deshalb ein ausgeklügeltes Verfahren zur Doppeleinreichungskontrolle spezifiziert, das zum einem Mißbrauch ausschließt, zum anderen die Flexibilität kaum einschränkt. Es ist eine Kombination eines Sequenzzählers, der parallel auf dem Sicherheitsmedium und im Kreditinstitut geführt wird und einer Liste von bereits eingereichten Sequenzen, welche die Lücken über einen bestimmten Zeitraum festhält.

Dies ist nötig, da im Off-Line-Betrieb, d.h. wenn Aufträge zu verschiedenen Zeiten von verschiedenen Personen ohne Leitungsverbindung erfasst und später in anderer Reihenfolge gesendet werden, nicht sichergestellt werden kann, dass die Sequenznummern aufsteigend beim Kreditinstitut eintreffen.

2.5.7 Sicherheitsmedien

Als Zielsystem wird eine RSA-basierende Lösung mit einer vom ZKA zertifizierten Chipkarte angestrebt. Da RSA-Chipkarten erst in letzter Zeit in puncto Performance und Preis akzeptabel geworden sind, ist eine ZKA-weite RSA-Kartenstrategie noch nicht vorhanden ist.

Deshalb wurden in HBCI Version 2.0 zwei Sicherheitsverfahren spezifiziert, die in großen Teilen softwarekompatibel und auch leicht in das Zielsystem migrierbar sind:

1. MAC-Verfahren mit ZKA-Chipkarte
    Diese Alternative hat natürlich den Vorteil einer Chipkarte als HW-Medium. Alle sensitiven kryptographischen Prozesse laufen im Chip ab, sind also von außen nicht zugänglich. Die Sicherheit ist in Form der Chipkarte auch portabel, d.h. diese Lösung kann auch in einem unbekannten Environment (z.B. öffentliches HBCI-Kundensystem in einem Hotelfoyer) problemlos eingesetzt werden.

    Das MAC-Verfahren hat als einzigen Nachteil die Nichtbeweisbarkeit der Herkunft; dies wird jedoch durch das Vertrauensverhältnis Kunde - Bank aufgehoben. Als Sicherheitsmedium kommt eine ZKA-Chipkarte zum Einsatz, wie sie auch als EC-

Chipkarte (GeldKarte) Verwendung findet.

2. RSA-Verfahren als Softwarelösung

Das RSA-Verfahren ist, wie oben schon ersichtlich, das Zielsystem für die HBCI-Sicherheit. In der HBCI Version 2.0 werden die gesamten kryptografischen Funktionen im Endgerät durchgeführt.

Vorteil dabei ist, daß man dieses Verfahren ohne zusätzliche HW-Investitionen (Chipkartenleser) einsetzen kann. Die Mobilität kann –innerhalb einer sicheren Umgebung - durch eine Diskettenlösung erreicht werden.

Zur weltweiten Durchsetzung von HBCI sind 2 Migrationswege angedacht. Die erste Stufe sieht HBCI mit RSA- Verfahren und Softwarelösung vor während man bei der 2. Migrationsstufe der RSA- Algorithmus durch den Triple- DES, der auf einer ZKA- Chipkarte implementiert wurde, ersetzt.

2.6 Geschäftsvorfälle

Die Version 2.0 von HBCI enthält nun endlich - außer den bisher definierten klassischen Geschäftsvorfällen der Version 1.0 - attraktive neue Geschäftsarten, die schon bei dem heute etablierten Homebanking state of the art sind.

Wermutstropfen ist hierbei nur, dass der Bereich Wertpapierorder noch nicht zur Verfügung steht. Allerdings decken die mit HBCI Version 2.0 spezifizierten Auftragsarten einen weiten Bereich des Homebanking ab, insbesondere auch bisher noch nicht berücksichtigte Anforderungen, z.B. im Bereich der prüfzifferngesicherten Zuordnungsdaten nach BZÜ.

2.6.1 Mehrfachunterschriften/ Off- Line- Fähigkeit

Da HBCI sich nicht ausschließlich an den Privatkunden, sondern auch an kleinere Firmenkunden wendet, sind Szenarien abbildbar, bei denen mehrere Partner involviert sind. So ist es beispielsweise möglich, dass eine Verwaltungskraft Aufträge erfasst und auf einem Server ablegt.

Diese werden später vom Geschäftsführer und einem Prokuristen unterschrieben (signiert). Vom Sekretariat werden alle Aufträge des Tages in einem Dialog zum Banksystem gesendet. Eine wirksame Doppeleinreichungskontrolle, die in HBCI genau spezifiziert ist, verhindert, daß bei Leitungs- oder Verarbeitungsproblemen versehentlich Aufträge doppelt verbucht werden.

All diese Vorgänge können mit unterschiedlichen Sicherheitsmedien eines Verfahrens durchgeführt werden, die natürlich bankseitig in entsprechender Beziehung zu den betroffenen Konten stehen müssen (Stichwort: Bevollmächtigung). Die genaue Ausgestaltung dieser Bevollmächtigung wird zwischen Kunde und Kreditinstitut bilateral vereinbart.

2.6.2 Schlüsselverwaltung (Key- Management)

Es sind spezielle Geschäftsvorfälle für das Ändern und Sperren von Schlüsseln vorhanden. Die Änderungen betreffen nur das RSA-Verfahren, da die Schlüssel beim MAC-Verfahren fest in der Chipkarte abgelegt sind. Für das RSA-Verfahren gelten auch die – in HBCI Version 2.0 neu hinzugekommenen – Verfahren zur Erstinitialisierung.

2.6.3 Einzelaufträge

Einzelaufträge für den Zahlungsverkehr Inland sind als HBCI-Eigenformat angelegt, um mit einem Grundformat alle betroffenen Geschäftsarten abwickeln zu können. Die Kontoverbindungen für Auftraggeber und Empfänger sind als standardisierte Datenelementgruppen definiert.

Parameter, wie z.b. die Anzahl der Verwendungszweckzeilen ist über die BPD pro Institut einstellbar. Aufbauend auf diesem HBCI-Grundformat für Einzelaufträge im Inlandzahlungsverkehr werden z.b. für die Abwicklung von Daueraufträgen spezifische Erweiterungen vorgenommen.

Folgende Geschäftsvorfälle fallen unter die Rubrik Einzelaufträge :

Einzelüberweisung	
Sonderformen der Einzelüberweisung	Spendenzahlungen
	Überweisung mit prüfziffergesicherten Zuordnungsdaten (BZÜ)
Terminierte Überweisung	Einreichen terminierter Überweisungen
	Ändern terminierter Überweisungen
	Bestand terminierter Überweisungen abrufen
	Löschen terminierter Überweisungen
Daueraufträge	Dauerauftragseinrichtung
	Dauerauftragsänderung
	Dauerauftragsaussetzung
	Dauerauftragsbestand abrufen
	Dauerauftragsänderungsvormerkungen abrufen
	Dauerauftragslöschung
Einzellastschrift	

Abbildung 14: Einzelaufträge

2.6.4 Sammelüberweisung und Sammellastschrift

Für die Sammelüberweisung und -lastschrift wird das DTAUS-Format verwendet und somit transparent in HBCI eingestellt. Grund dafür sind die nachgeschalteten, bereits vorhandenen Verarbeitungssysteme bei den Kreditinstituten, die Aufträge über HBCI gleich denen von anderen Quellen behandeln (z.B. DTA-Disketteneinreichung).

Sammelüberweisungen sind ein typisches Beispiel für asynchrone Aufträge. Hier ist es, gerade bei größeren Datenmengen, sinnvoll, die Nachricht entgegenzunehmen, zu bestätigen und anschließend die Verbindung zu beenden. Der Verarbeitungsfortschritt kann über Abruf eines Statusprotokolls verfolgt werden.

2.6.5 Umsatzinformationen

Die Anforderung von Umsätzen erfolgt ebenfalls über einen Abholauftrag. Als Antwort werden über MT940- und MT942-Formate gebuchte respektive noch nicht verbuchte Umsätze gesendet. Bei der Übertragung umfangreicher Umsatzdaten ist die Verwendung des Datenelementes Aufsetzpunkt sinnvoll.

Darüber wird dem Kundensystem bei großen Datenmengen mitgeteilt, welchen Aufsetzpunkt es bei einem weiteren Abholauftrag mitliefern soll, um lückenlos die nächsten Umsätze zu erhalten.

Über ein Feld Maximale Anzahl kann die Ausgabe im Umfang eingeschränkt werden, so dass Endgeräte mit geringer Bildschirmauflösung (z.B. Smart Phones) nicht mit Daten überschwemmt werden.

▨ Kontoumsätze / Zeitraum
    Dies ist die klassische Umsatzabfrage mit der Möglichkeit, den Abfragezeitraum entsprechend einzugrenzen.

▨ Kontoumsätze / neue Umsätze
    Mit dieser Geschäftsart wird die doppelte Übertragung von Umsatzdatenvermieden, was z.B. für Finanz-Management-Software von entscheidendem Vorteil ist. Dieses Format ist ein Vorgriff auf einen noch zu spezifizierenden Geschäftsvorfall für den HGB-konformen Elektronischen Kontoauszug.

2.6.6 Saldenabfrage

Die Saldenabfrage wird über ein HBCI-Eigenformat abgewickelt. Es werden gängige Saldenwerte zur Verfügung gestellt und optional auch Informationen über Kreditlimite geliefert.

Die Saldenabfrage ist ein Prototyp für einen sogenannten Abholauftrag. Bei der Saldenabfrage sind als Informationen entweder eine Kontonummer oder aber die Information "alle Konten" einzustellen. Bei dem zweiten Suchbegriff werden die Salden aller vorhandenen Konten zurückgemeldet.

2.6.7 Termineinlagen

Derzeit sind nur Festgeldanlagen vorgesehen; die Anlage von Kündigungsgelder ist nicht möglich. Termineinlagen sind HBCI-Eigenformate, die wiederum auf einem gemeinsam verwendeten Grundmodell aufbauen.

▨ Festgeldkonditionen
▨ Festgeldneuanlage
▨ Festgeldänderung
▨ Festgeldprolongation
▨ Festgeldbestandsabfrage
▨ Widerruf einer Festgeldneuanlage
▨ Widerruf einer Festgeldprolongation

2.6.8 Wertpapiere

Im Bereich der Wertpapiere ist derzeit nur die Depotaufstellung möglich. Verwendet wird hierfür das S.W.I.F.T.-Format MT571.

2.6.9 Zahlungsverkehr Ausland

Die Einreichung von Auslandsüberweisungen erfolgt im DTAZV-Format. Die Prüfung auf vollständige Datenübertragung erfolgt anhand des Z-Satzes. Die Ausgestaltung des gesamten Bereiches Auslandszahlungsverkehr ist hauptsächlich Aufgabe des Kundenproduktes, nicht der HBCI-Schnittstelle.

So kann eine Kundensoftware durch entsprechende Belegung von nur einigen relevanten Feldern des DTAZV-Formates eine Euroüberweisung abbilden. Genauso ist das Kundensystem aber verantwortlich, den Kunden auf eine ggf. bestehende Meldepflicht hinzuweisen. Die HBCI-Spezifikation enthält hierzu einige relevante Hinweise.

2.6.10 Karten, Schecks und Formulare

In diesem Kapitel sind alle Arten von Formularbestellungen hinterlegt, die natürlich von Bank zu Bank sehr unterschiedlich sind. Deshalb wird die BPD hier dafür verwendet, dem Kundenprodukt die verfügbaren Formulare zu übermitteln.

Da dieser Bereich nicht standardisiert ist, wird ein HBCI-Eigenformat verwendet. In der Spezifikation wird explizit darauf hingewiesen, dass unter anderem dieser Bereich des postalischen Versendens in Zukunft durch neue HBCI-Geschäftsvorfälle abgelöst werden soll.

Folgende Formulararten sind gängig:
- Überweisungs-, Lastschrift- und Dauerauftragsformulare
- Zahlungsverkehrsvordrucke und Schecks
- Reiseschecks

Hierfür ist ein separater, noch zu definierender HBCI-Geschäftsvorfall vorgesehen.

2.6.11 Informationen

Ähnlich der Vordruckbestellung ist auch der Bereich des Informationsaustausches bisher nicht standardisiert und wird deshalb über ein HBCI-Eigenformat abgewickelt.

2.6.12 Freitextmeldungen

- Kundenmeldung
  In einer Kundenfreitextmeldung, die signiert sein muss, können auch Aufträge an das Kreditinstitut übermittelt werden. Dies gilt hauptsächlich für die Geschäftsarten, die in HBCI noch nicht standardisiert sind. Allerdings wird darauf hingewiesen, dass es sich hierbei nicht um zeitkritische Geschäftsarten (z.B. Wertpapierorder) handeln sollte.

  Demgemäss ist die Kreditinstitutsantwort auch sehr informell gehalten und bestätigt lediglich den Erhalt der Meldung.
- Gastmeldung
  Auch über den anonymen Zugang können Freitextmeldungen eingereicht werden. Da diese jedoch nicht signiert werden können, steht der Informationscharakter im Vordergrund.

2.6.13 Formatierte Meldungen

Bei formatierten Meldungen handelt es sich naturgemäß ebenfalls um HBCI-Eigenformate.

- Kreditinstitutsangebote abholen / Informationsbestellung
  Hierüber kann ein Kreditinstitut dem Kunden eine Übersicht über vorhandenes Informationsmaterial zur Verfügung stellen. Vom Vorgehen her wird zunächst mit diesem Geschäftsvorfall eine Liste der verfügbaren Informationen übermittelt, aus welcher der Kunde dann per Code auswählen kann.

Der Code wird als Geschäftsvorfall Informationsbestellung an das Kreditinstitut übermittelt. Die Auslieferung erfolgt derzeit auf dem Postweg. In diese Kategorie fällt auch die Übermittlung von (HBCI-gesicherten!) Dateien. Allerdings ist diese Informationsart noch nicht „freigeschaltet".

▨ Terminvereinbarung
Mit dieser Geschäftsart kann der Kunde auf strukturierte Weise einen Terminwunsch äußern. Dieser ist jedoch, wie bei den anderen Informationsangeboten, nicht verbindlich und bedarf derzeit der schriftlichen oder fernmündlichen Bestätigung.

2.7 Transportmedienspezifische Festlegungen

In den vorangegangenen Kapiteln wurden zahlreiche Aspekte beleuchtet, welche die Flexibilität des HBCI-Standards herausstellten. In diesem Kapitel ist der Ansatz genau umgekehrt.

In Richtung Transportprotokolle hat HBCI das Ziel, möglichst genau und restriktiv die einzelnen Zugangsvarianten festzulegen, damit zwei willkürlich zusammentreffende Kommunikationspartner ohne große Abstimmungsdialoge sofort miteinander kommunizieren können.

Definiert sind in HBCI Version 2.0 zwei Kommunikationssäulen, von denen eine auf die bestehende T-Online CEPT-Welt zugeschnitten ist. Als 2. Kommunikationsweg steht TCP/IP für intelligente HBCI-Klienten im Internet zur Verfügung.

2.7.1 T-Online mit ETSI 300 072 ("CEPT") / EHKP / BtxFIF

Die klassischen Homebanking-Anwendungen werden derzeit größtenteils über CEPT und EHKP betrieben. Dieser Tatsache wird durch diese Definition Rechnung getragen. Dabei werden CEPT und EHKP lediglich als Transportrahmen für transparente Daten benutzt, welche die eigentlichen HBCI-Informationen enthalten.

Da es in EHKP eine Restriktion aufgrund der maximalen Dialogfeldgröße von ca.1600 Byte gibt, wurde das „Btx File Interchange Format (BtxFIF)" als Chaining-Protokoll herangezogen, um beliebig große HBCI-Nachrichten austauschen zu können. Innerhalb dieses Kapitels sind bezüglich CEPT, EHKP und BtxFIF alle Parameter definiert, um so den Kommunikationsweg eindeutig zu beschreiben.

Auf gewisse optionale Funktionen des BtxFIF, wie z.B. Restartfähigkeit wurde aus Rücksicht auf einfacher gestaltete Kundensysteme bewusst verzichtet.

2.7.2 TCP/ IP

TCP/IP ist, wie der Name schon sagt, das Internet Protokoll. Hier werden klassische PPP-Zugänge unterstützt. Als Schnittstelle zur Anwendung dient die TCP Socket-Schnittstelle (Streamsocket), bestehend aus IP-Adresse und Port-Nummer (als HBCI-Port- Nummer wurde "3000" beim entsprechenden Internet Committee registriert).

Wichtig ist an dieser Stelle anzumerken, dass auch in HBCI-Version 2.0 nur die TCP-Transportschnittstelle spezifiziert ist, jedoch nicht die darüberliegenden Session- und Präsentationsschichten. Dies hat unter anderem den Grund, daß für die Erzeugung eines HBCI-Datenstromes, sei es über fest installierte Programme oder z.B. auf der Basis von Java-Applets, ohnehin Intelligenz im Endgerät vorhanden sein muss.

Mit diesen Mitteln kann dann ohne weiteres eine Kommunikation über TCP Port 3000 aufgebaut werden, um HBCI-Nachrichten zu übermitteln. Dadurch erspart man sich zum einen den für die Nettodatenübertragung unnötigen HTTP-Overhead und kann zum anderen den Server-Prozeß für Port 3000 auf der Kreditinstitutsseite speziell absichern.

2.7.3 Sonstige Kommunikationsmedien

Zusätzlich zu den noch zu spezifizierenden Internet-Protokollen, wie z.B. HTTP, FTP, usw. werden je nach Bedarf auch andere Transportdienste in HBCI spezifiziert werden. Da jedoch der Trend, auch bei alternativen Netzen, wie Compuserve, AOL, ... in Richtung Internet klar zu verspüren ist, sind die bisher spezifizierten Zugänge zunächst ausreichend.

3. Schlußbertrachtungen

Aus diesen Betrachtungen kann es nur sein, dass es im Bereich Homebanking derzeit de facto keinen Standard gibt, was einer der Hauptgründe für das Entstehen von HBCI ist. Die bestehenden CEPT-Anwendungen mit dem aufwendigen PIN/TAN-Sicherungsverfahren entsprechen - trotz der vehement steigenden Anschlußzahlen von T-Online und der Verwendung im Internet-Bereich - nicht mehr dem aktuellen Standard in bezug auf Benutzerfreundlichkeit und Darstellung.

Hinzu kommen noch andere Aspekte, wie z.B. die Gebührenpolitik der Deutschen Telekom bei den Fernsprechnetzen und die Tatsache, daß gerade im Bereich der privaten Finanzverwaltung zunehmend intelligente Kundensysteme an Bedeutung gewinnen, die ganz andere Übertragungstechniken erfordern, als sie momentan z.B. im "ZKA-Dialog" zu finden sind.

Ein weiterer wichtiger Grund für die Einführung eines neuen Homebankingstandards ist die Kommerzialisierung des Internet, die in den letzten drei Jahren zu einer rasanten Entwicklung geführt hat. Diese Plattform ist für alle Kreditinstitute von höchstem Interesse und zwar nicht nur im Bereich der direkten Bankgeschäfte, sondern auch beim allgemeinen Zahlungsverkehr (Stichwort: „Electronic Commerce").

Die erweiterten Sicherheitsfunktionen von HBCI sollen den Betrieb in unsicheren Netzen wie dem Internet ermöglichen und den Bedienungskomfort für den Kunden erhöhen.

3.1 Sicherheitsbedenken

Es gibt in der Presse immer wieder Nachrichten zum Thema 'Sicherheit von Homebanking'. Kürzlich wurde im Hessischen Rundfunk ein Szenario gezeigt, bei dem ein Angriff auf den PC eines HBCI-Kunden erfolgte. Es ist nicht abzustreiten, daß eine prinzipielle Machbarkeit eines solchen Angriffs möglich ist.

Folgende Sicherheitslücken sind im Einsatz von HBCI verbunden :

3.1.1 Kundensystem angreifbar, wenn HBCI-inaktiv :

Ein solcher Angriff ist nicht auf das HBCI-Protokoll, sondern auf den Kunden-PC erfolgt und zwar zu einem Zeitpunkt, zu dem HBCI noch gar nicht aktiv war. Insofern zeigt das Szenario nur die generelle Angreifbarkeit heutiger PC-Systeme auf (s. I love you-Virus).

Die Sicherheitsmechanismen von HBCI können erst greifen, wenn eine Nachricht übermittelt wird. HBCI gehört weiterhin zu den derzeit sichersten Kommunikationsprotokollen.

3.1.2 Angreifbar durch Schwachstelle Benutzer :

Unter bestimmten Rahmenbedingungen, die sich in der Praxis schwer konstruieren lassen, tauchen Sicherheitsbedenken auf :

- Der Angreifer muss wissen, dass und mit welcher Bank der Kunde HBCI- Banking betreibt sowie an welchem Port der Chipkartenleser installiert ist.
- Die Chipkarte muss sich im Leser befinden, obwohl der Kunde zu diesem Zeitpunkt kein HBCI- Banking betreibt.
- Der Kunde merkt nicht, dass der Chipkartenleser aktiv ist.

3.1.3 Fazit :

Trotz dieser Szenarien kann der Angriff erkannt werden, weil die IP-Adresse des Angreifers für die Bank sichtbar ist. Für die Sicherheit der HBCI-Technik sollte auch sprechen, dass manche Banken erklärt haben, beim HBCI die Beweislast umzukehren. Das heißt: Anders als früher muss nicht mehr der Kunde beweisen, dass ein Angreifer aus dem Internet das Konto geplündert hat, sondern die Bank, dass es der Kunde war.

Nachdem die Sicherheitslücken bekannt gemacht wurden, gibt es ebenfalls auch Handlungsmaßnahmen für den Schutz vor Hackerangriffen :

3.1.4 Schutz durch PIN/TAN- Verfahren :

Ein wirksamer Schutz besteht im sorgfältigen und gewissenhaften Umgang mit den Sicherheitsmedien und der PIN (dies gilt im übrigen bei HBCI genauso wie beim PIN/TAN- Verfahren):

- Die Chipkarte (bzw. Diskette) sollte nur dann eingelegt werden, wenn die Software dazu auffordert und ansonsten sicher verwahrt bleiben.
- Der Chipkartenleser darf nur dann arbeiten (z.B. blinken), wenn tatsächlich Aufträge signiert werden sollen.
- Um die Gefahr von Viren und Trojanischen Pferden zu verringern, sollte nur Software aus zuverlässiger Quelle installiert und Mails fragwürdiger Herkunft nicht geöffnet werden.

3.1.5 Schutz durch gesonderter Hardware :

Ein weiterer wirksamer Schutz vor Viren kann nach Auskunft von Sicherheitsexperten lediglich durch eine gesonderte Hardware beim Kunden erreicht werden. Die Kreditwirtschaft befasst sich deshalb intensiv mit der Entwicklung von Spezifikationen für besonders gesicherte Chipkartenleser für unterschiedliche Einsatzbereiche. Mit einer entsprechenden Standardisierung von Chipkartenlesern zunächst für das Bezahlen per Geldkarte im Internet wurden in diesem Zusammenhang bereits erhebliche Vorleistungen erbracht.

3.1.6 Fazit :

Es gibt Computerviren und -programme, die versuchen, Verschlüsselungen aufzubrechen. Dennoch ist HBCI als Schnittstelle zwischen Kunde und Bank sicherer als das bisherige System. Die Schwachstelle von HBCI ist der Verbraucher, der die PIN beziehungsweise das Passwort selbst bestimmen darf. Ein gewisser Teil der Verantwortung wird sicher in die Hand des Benutzers gelegt. Dies ist aber immer noch besser, als wenn Nutzer sich PINs auf die Scheckkarte schreiben, weil sie sich die Nummer nicht merken könnten.

3.2   Referenzen

Diese Liste beruht auf Meldungen, die die ZKA von den jeweiligen Instituten erhalten hat (Stand 12/2000). Insofern wird kein Anspruch auf Vollständigkeit erhoben.

(alphabetische Sortierung) :
- Advance Bank
- Bankhaus Löbbecke & Co.
- Bankhaus Reuschel
- BfG-Bank
- Commerzbank
- Deutsche Bank 24
- Dresdner Bank
- Gontard & Metallbank
- Hamburger Sparkasse
- HypoVereinsbank
- Merck Finck & Co.
- Raiffeisen-Volksbank eG Mainz
- Vereins- und Westbank
- Volksbank Aachen Süd eG

Zusätzlich sämtliche der GAD und GRZ angeschlossenen Spar- und Darlehenskassen, Volks- und Raiffeisenbanken in Schleswig- Holstein, Niedersachsen, Hamburg, Bremen, Mecklenburg-Vorpommern, Sachsen-Anhalt, Brandenburg, NRW und Rheinland- Pfalz (710 Banken) ca. 100 der dvg Hannover, dvs und SIK angeschlossene Sparkassen in Niedersachen, Schleswig-Holstein, Bremen, Saarland, Mecklenburg-Vorpommern, Sachsen, Sachsen-Anhalt, Brandenburg und Thüringen. sowie sämtliche der FAG Niederlassung Karlsruhe, Saarbrücken und Berlin angeschlossenen Spar- und Darlehenskassen, Volks- und Raiffeisenbanken (ab Juli 2000). Weitere Institute befinden sich momentan in Pilottests.

3.3   Perspektiven für HBCI

Ziel ist es, HBCI als Industriestandard zu etablieren. Positiv zu verzeichnen ist sicherlich die geschlossene, sehr euphorische Haltung der deutschen Kreditwirtschaft.

Daraus resultiert auch ein enormes Interesse am Markt. Für die Durchsetzung von HBCI dürfte jedoch entscheidend sein, wie schnell die Geschäftsvorfälle der Version 2.2 bei Kreditinstituten und Kundenproduktherstellern umgesetzt sein werden, welche die Investition in neue Programmupdates für den Bankkunden rentabel machen.

Zum anderen hängt der Erfolg auch am Bereich Sicherheit und damit speziell an der Akzeptanz der neuen Chipkartentechnologie beim Kunden . Als letztes muss sich HBCI als nationaler Standard auch im internationalen, speziell im europäischen Umfeld behaupten, wobei hinzukommt, dass im europäischen Ausland ähnliche nationale Eigenentwicklungen im Entstehen sind. Es ist jedoch geplant, HBCI zur Standardisierung in internationale Gremien einzubringen.

4. Begriffserklärungen

Btx

BTX ist der Datendienst, den die Telekom über das Datex-J-Netz zur Verfügung stellt. Btx besteht aus Programmen unterschiedlicher Anbieter (zur Zeit etwa 2500) in den verschiedenen Standards CEPT oder Kit.

Über Btx kann man seine Einkäufe tätigen, Reisen buchen, Autos kaufen, Börsenberichte, Flugdaten einzelner Fluggesellschaften und die Fahrpläne der Deutschen Bundesbahn abfragen oder aber auch Computerspiele und Utilities, Hilfsprogramme, Drucker- oder Grafiktreiber in seinen eigenen Rechner herunterladen, und die Liste der Möglichkeiten lässt sich beliebig fortführen.

CEPT

Wenn man sich manuell an die Bank einwählt, d.h. mit einem Decoder wie QuickOnline ohne eine automatische Bankaktion aufgerufen zu haben, dann gelangt man über T-Online Seiten im sogenannten CEPT-Dialog zur Bank.

In diesem Dialog vollzieht man dann auch das Homebanking.. Im Gegensatz zu CEPT-Seiten gibt es ZKA-Übergabeseiten, die anders aufgebaut sind.

Datex-J

Datex-J ist das Datennetz, das für den Zugang zu T-Online benutzt wird.
Es besitzt lokale Einwahlknoten in jedem Ortsnetz, außerdem zusätzliche Highspeed-Zugänge in einigen deutschen Großstädten.

PIN

PIN - (Personal Identification Number) 5 oder 6-stellige Nummer im privaten elektronischen Zahlungsverkehr. Die PIN ist das Zugangspaßwort zum Bankkonto. Die Bank legt zunächst die Start-PIN fest. Beim ersten Zugang zum Bankkonto muss die PIN geändert werden. Mit Hilfe der PIN können z.b. Kontoauszüge abgerufen werden. Um Geldbewegungen (z.B. Überweisungen) zu veranlassen, wird zusätzlich die TAN benötigt. Dieses sog. PIN-TAN - Verfahren soll u.a. im Rahmen der Einführung des HBCI-Standards durch sicherere Verfahren (z.B. Chipkarte) ersetzt werden.

TAN

Eine TAN ist eine 6stellige Ziffer und wird zur Absicherung besonders schutzbedürftiger Transaktionen wie Überweisungen, Dauerauftragsneuanlagen, -änderungen und -auflösungen, Änderung einer PIN, Aktivierung einer neuen TAN-Liste und Entsperrung des Kontos von Ihnen angefordert.

5. Abbildungsverzeichnis

6. Quellen

Internet
http://www.hbci.de
http://www.hbci-zka.de
http://www.brokat.com
http://www.rvbfaktumdirekt.de/hbcistd.html
http://www.siz.de
http://www.hbci-kernel.de
http://www.buhl.de/produkte/finanzen/homebanking/
http://www.informatik.tu-darmstadt.de/BS/Lehre/Sem98_99/T5/kap6.htm

Vorträge
HBCI 2.0- Kompendium von Kurt Haubner (Juli 1997)